Las hormiguitas

Una canción popular latinoamericana
Ilustrado por Rose Mary Berlin

www.sra4kids.com

SRA/McGraw-Hill
A Division of The McGraw·Hill Companies

Copyright © 2003 by SRA/McGraw-Hill.

All rights reserved. Except as permitted under the United States Copyright Act, no part of this publication may be reproduced or distributed in any form or by any means, or stored in a database or retrieval system, without the prior written permission of the publisher, unless otherwise indicated.

Send all inquiries to:
SRA/McGraw-Hill
8787 Orion Place
Columbus, OH 43240-4027

Printed in the United States of America.

ISBN 0-07-572445-6

1 2 3 4 5 6 7 8 9 QST 06 05 04 03 02

Por los cerritos
y vereditas
van caminando
las hormiguitas.

Las hormiguitas,
las hormiguitas,
van caminando
las hormiguitas.

Por los cerritos
y vereditas
van de puntitas
las hormiguitas.

Las hormiguitas,
las hormiguitas,
van de puntitas
las hormiguitas.

Por los cerritos
y vereditas
van dando vueltas
las hormiguitas.

Las hormiguitas,
las hormiguitas,
van dando vueltas
las hormiguitas.

Por los cerritos
y vereditas
saltan y saltan
las hormiguitas.

Las hormiguitas,
las hormiguitas,
saltan y saltan
las hormiguitas.

Por los cerritos
y vereditas
bailan y bailan
las hormiguitas.

Las hormiguitas,
las hormiguitas,
bailan y bailan
las hormiguitas.

Por los cerritos
y vereditas
van patinando
las hormiguitas.

Las hormiguitas,
las hormiguitas,
van patinando
las hormiguitas.

Por los cerritos
y vereditas
ya se despiden
las hormiguitas.

Las hormiguitas,
las hormiguitas,
ya se despiden
las hormiguitas.